O CASO DOS EXPLORADORES DE CAVERNAS

Lon L. Fuller

O CASO DOS EXPLORADORES DE CAVERNAS

Tradução de Lúcia Helena de Seixas Brito

Introdução de Eduardo C. B. Bittar
Professor-associado do Departamento de Filosofia e
Teoria Geral do Direito da Faculdade de Direito da
Universidade de São Paulo

MANOLE

Título original em inglês: *The Case of the Speluncean Explorers*
Copyright © Harvard Law Review Association. Todos os direitos reservados.

Esta publicação contempla as regras do Novo Acordo Ortográfico da Língua Portuguesa.

Editora-gestora: Sônia Midori Fujiyoshi
Produção editorial: Cláudia Lahr Tetzlaff
Tradução: Lúcia Helena de Seixas Brito
Introdução: Eduardo C. B. Bittar
Revisão de tradução e revisão de prova: Depto. editorial da Editora Manole
Projeto gráfico e diagramação: Depto. editorial da Editora Manole
Capa: Ricardo Yoshiaki Nitta Rodrigues
Imagem da capa: istockphoto

CIP-BRASIL. CATALOGAÇÃO NA PUBLICAÇÃO
SINDICATO NACIONAL DOS EDITORES DE LIVROS, RJ

F974c

    Fuller, Lon L., 1902-1978
        O caso dos exploradores de cavernas / Lon L. Fuller ; tradução Lúcia Helena de Seixas Brito. - 1. ed. - Santana do Parnaíba [SP]: Manole, 2019.
    64 p. ; 18 cm.

    Tradução de: The case of the speluncean explorers
    ISBN 9788520458594

    1. Direito - Filosofia. I. Brito, Lúcia Helena de Seixas. II. Título.

18-52669

                CDU: 340.12

Vanessa Mafra Xavier Salgado - Bibliotecária - CRB-7/6644

Todos os direitos reservados.
Nenhuma parte desta publicação poderá ser reproduzida, por qualquer processo, sem a permissão expressa dos editores.
É proibida a reprodução por xerox.

A Editora Manole é filiada à ABDR – Associação Brasileira de Direitos Reprográficos.

Edição brasileira – 2019

Direitos em língua portuguesa adquiridos pela:
Editora Manole Ltda.
Alameda América, 876 – Tamboré – 06543-315 – Santana do Parnaíba – SP – Brasil
Fone: (11) 4196-6000 | www.manole.com.br
https://atendimento.manole.com.br

Impresso no Brasil | *Printed in Brazil*

Introdução vii
O caso dos exploradores de cavernas 1
Post scriptum 53

INTRODUÇÃO

A Editora Manole publica a obra clássica de autoria do Professor da Harvard Law School, o jusfilósofo norte-americano Lon Luvois Fuller (1902-1978), que anima os estudos de Introdução ao Estudo do Direito há décadas, a saber, o notavelmente instigante *O caso dos exploradores de cavernas* (*The case of the Speluncean Explorers*). O *Caso* foi publicado na *Harvard Law Review* (Vol. 62, n. 04, February), em 1949, e rapidamente se tornou um *Case* amplamente debatido nos estudos acadêmicos, mundo afora, exatamente pelo fato de ter sido capaz de sintetizar o *cerne filosófico* dos debates acerca do Direito. Posteriormente, o *Case* foi republicado, novas opiniões foram somadas às originais, e veio sendo comentado e avaliado por inúmeros outros juristas ao longo do século XX. No Brasil, o *Caso* foi introduzido com sucesso, desde 1976, após a tradução para o português por Plauto Faraco de Azevedo, e, desde então, se consagrou como um potente *instrumento metodológico* que permite aos(às) estudantes mergulharem no mundo do Direito e, mais especialmente, na natureza argumentativa do Direito.

O *Caso* trata de quatro acusados à forca, pelo homicídio de Roger Wethmore, por decisão de primeira instância do Tribunal do Condado de Stowfield, que recorrem à Suprema Corte de Newgarth. O caso é fictício (*O caso dos exploradores de cavernas*, Suprema Corte de Newgarth, ano de 4300), e sua data de julgamento projeta para o futuro a mesma distância encontrada entre a nossa época e o período de Péricles, na Grécia antiga, onde esse tipo de debate filosófico em torno da *natureza das leis* já estava vivamente presente, como esclarece Lon L. Fuller em seu *post scriptum*. Mas, sua formulação guarda raízes em casos reais (*Queen v. Dudley & Stevens*, 1884; *United States v. Holmes*, 1842), que bem apresentam as dificuldades que o jurista é desafiado a enfrentar ao transpor o universo abstrato dos conceitos, das teorias e das palavras da lei para se debruçar sobre situações que reclamam decisões concretas.

Por meio do *Caso*, o(a) estudante é levado(a) a se defrontar com debates de natureza filosófica, que opõem *natural law* a *legal positivism*, demarcando um campo de discussões que é milenar no âmbito dos debates sobre a fundamentação da *Justiça* e do *Direito*. Ao longo da leitura do

Caso, encontrar-se-ão cinco opiniões contidas em cinco votos, e que são expressos na seguinte ordem: *Chief Justice President* Truepenny, *Justice* Foster, *Justice* Tatting, *Justice* Keen e *Justice* Handy. E, assim, irá se debruçar sobre questões relativas a termos e expressões, tais quais, "estado de natureza", "contrato social", "estado de necessidade", "excludentes legais", "lacunas", "legalidade", "justiça", "injustiça", "perdão", "função judicial", "opinião pública", contidas na argumentação e na contra-argumentação insertas nos votos dos juízes da Suprema Corte de Newgarth.

Como estudante, fui da geração que estudou Lon L. Fuller no primeiro ano da Faculdade de Direito. Como Professor, passei a aplicar Lon L. Fuller em todos os anos de ensino subsequentes, e, desde então, nunca mais deixei de ter presente o importante *legado metodológico* por ele deixado. Isso se aplica ao *common law* tanto quanto ao *civil law*, pois a natureza argumentativa do Direito é comum a ambas as tradições do Direito. Por isso, recomendo aos(às) colegas docentes o seu emprego em sala de aula, considerando-o um atual e potente *método de ensino* – que abrange pesquisa, debate, participação, opinião, argumentação, uso das fontes do Direito –, ao envolver os estudantes nas fissuras mais profundas dessa imensa *caverna de dúvidas* que temos, quando o Direito se torna nosso objeto de busca, inquietação, investigação, estudo e discussão, algo com que a *Ciência do Direito* não está livre de ter de, ainda hoje, desafiadoramente lidar.

Eduardo C. B. Bittar
Professor-associado do Departamento de Filosofia e Teoria Geral do Direito da Faculdade de Direito da Universidade de São Paulo. Foi 2º Vice-presidente da Associação Brasileira de Filosofia do Direito (ABRAFI-IVR, 2009-2016). Foi Presidente da Associação Nacional de Direitos Humanos (ANDHEP, 2009-2010). Foi Membro do Comitê de Área do Direito CAPES (2010). É Pesquisador N-2 do CNPq.

Bibliografia

BITTAR, Eduardo C. B. *Introdução ao Estudo do Direito*: humanismo, democracia e justiça. São Paulo: Saraiva, 2018.

DIMOULIS, Dimitri. *O caso dos denunciantes invejosos: introdução prática às relações entre direito, moral e justiça* (com a tradução de texto de Lon L. Fuller). São Paulo: Revista dos Tribunais, 2003.

FULLER, Lon L. *O caso dos exploradores de cavernas*. Tradução de Plauto Faraco de Azevedo. 10ª reimpressão. Porto Alegre: Sergio Antonio Fabris, 1999.

MENDONÇA, Samuel. "Ensino Jurídico e Educação em Direitos Humanos: como o estudo de casos pode alavancar uma visão realista e humanista para o Direito". In *Revista Interdisciplinar de Direitos Humanos*. Observatório de Educação em Direitos Humanos da UNESP, Bauru, v. 6, n. 1, jan.-julho 2018 (10), p. 251-5.

PERUZZO, Pedro Pulzatto. Uma proposta humanista para o estudo do Direito, *in Carta capital,* JUSTIFICANDO, Quinta-feira, 19 de julho de 2018.

RODRÍGUEZ, Victor Gabriel. *O caso do matemático homicida*: caso prático para introdução ao Direito. São Paulo: Almedina, 2014.

ROSS, Alf. *Tû-Tû*. Prefácio de Alaôr Caffé Alves. Tradução de Edson L. M. Bini. São Paulo: Quartier Latin, 2004.

Na Suprema Corte de Newgarth, ano de 4300

Depois de denunciados pelo crime de assassinato, os réus foram condenados pela Corte de Primeira Instância do Condado de Stowfield e sentenciados a enforcamento. Eles apresentaram uma apelação a este Tribunal. Os fatos falam por si só no parecer do Presidente da Corte.

Presidente Truepenny, C. J.

Os quatro réus são membros da Sociedade Espeleológica, uma organização de amadores interessados na exploração de cavernas. No início de maio de 4299, na companhia de Roger Whetmore, que à época também fazia parte dessa sociedade, eles entraram no interior de uma gruta calcária do tipo encontrado no Planalto Central desta *Commonwealth*. Eles estavam em um ponto distante da entrada da caverna no momento em que ocorreu um deslizamento de terra. Pesados blocos de rocha caíram e bloquearam completamente a única comunicação conhecida da caverna com o meio exterior. Compreendendo a difícil situação em que se encontravam, só lhes restava sentar próximo da entrada obstruída, a fim de esperar que alguém aparecesse para remover os detritos que os mantinham naquela prisão subterrânea. Em face do fato de que Whetmore e os réus não retornaram para as respectivas casas, o secretário da sociedade foi comunicado pelas famílias. Tudo indica que os exploradores haviam deixado na sede da sociedade pistas quanto à localização da gruta que eles se propunham a visitar. Um grupo de resgate foi imediatamente despachado para o local.

A tarefa de resgate revelou-se de extrema dificuldade e exigiu que a capacidade do grupo original fosse gradativamente incrementada com mais homens e máquinas, cujo transporte até a região remota e isolada em que a caverna estava localizada só foi possível à custa de grande esforço. Foi montado no local um enorme acampamento temporário de trabalhadores, engenheiros, geólogos e outros especialistas. A remoção dos detritos foi frustrada diversas vezes por novos deslizamentos de terra, em um dos quais morreram dez dos homens envolvidos no trabalho de desobstrução. O esforço de resgate logo esgotou os recursos financeiros da Sociedade Espeleológica, e o montante de oitocentos mil frelares arrecadados via subscrição popular, por um lado, e subvenção legislativa, por outro, foi gasto antes mesmo do resgate dos homens aprisionados na caverna. O êxito foi finalmente alcançado trinta e dois dias depois do acidente.

Como todos sabiam que os exploradores haviam levado consigo apenas escassas provisões e também não ignoravam o fato de que não existia dentro da gruta qualquer substância animal nem vegetal que pudesse servir de meio de subsistência, o grupo de resgate logo foi tomado pelo temor de que a fome vitimasse os homens antes que o socorro pudesse chegar até eles. No vigésimo dia do aprisionamento, soube-se pela primeira vez que eles levaram consigo para a caverna um aparelho portátil, sem fio, capaz de receber e enviar mensagens. Prontamente, um aparelho similar foi instalado no acampamento de resgate e estabeleceu-se uma comunicação com os desafortunados prisioneiros no interior da montanha. Os exploradores perguntaram quanto tempo os homens ainda levariam para tirá-los de lá, e foram informados pelos engenheiros responsáveis pelo projeto que seriam necessários ao menos dez dias, mesmo na ausência de novos deslizamentos de terra. Em seguida, eles indagaram se havia algum médico na equipe de resgate, e foram colocados em contato com um comitê de especialistas médicos. Os homens aprisionados descreveram a condição em que se encontravam e as provisões de que ainda dispunham, e pediram a opinião dos especialistas quanto a terem alguma chance de sobreviver sem alimento por dez dias. O presidente do comitê respondeu que eram muito escassas as possibilidades. Depois disso, o equipamento sem fio permaneceu silencioso dentro da caverna durante oito horas. Quando a comunicação foi restabelecida, os homens pediram para falar novamente com os médicos. O presidente do comitê médico foi colocado diante do aparelho e Whetmore, falando em nome dele e dos réus, perguntou se teriam condições de sobreviver por dez dias inteiros se consumissem a carne de um dos companheiros de infortúnio. Com certa relutância, o presidente do comitê respondeu de forma afirmativa. Whetmore indagou então se seria aconselhável determinarem por sorteio qual deles deveria ser consumido. Nenhum dos médicos presentes se dispôs a dar uma resposta. Whetmore quis então saber se havia no grupo um juiz ou outro funcionário do governo que pudesse responder a essa indagação. Ninguém dentre os envolvidos com a operação de resgate queria assumir a função de conselheiro em tal questão. Whetmore não se deu por vencido e perguntou se algum ministro ou sacerdote poderia responder, mas não apareceu ninguém disposto a assumir a incumbência. Desse momento em diante, nenhuma mensagem mais foi recebida de dentro da caverna, e admitiu-se – erroneamente, como se soube mais tarde – que as baterias do equipamento sem fio dos exploradores haviam terminado. Quando os homens aprisionados foram por fim resgatados, soube-se que no vigésimo terceiro dia após a entrada na caverna Whetmore fora morto e devorado pelos companheiros.

De acordo com o depoimento dos réus, aceito pelo júri, parece que foi o próprio Whetmore quem propôs que a carne de um deles fosse a fonte do alimento sem o qual a sobrevivência seria impossível. Foi também Whetmore quem apresentou a ideia de resolverem a questão por algum tipo de sorteio, chamando a atenção dos réus para um par de dados que levara consigo. A princípio, os homens relutaram em adotar um procedimento tão desesperado, porém, após a conversa por meio do equipamento sem fio, relatada acima, acabaram concordando com o plano proposto por Whetmore. Depois de muita discussão a respeito dos problemas matemáticos envolvidos, chegaram finalmente à decisão de resolver a questão por meio do dado.

Antes do lançamento do dado, no entanto, Whetmore declarou-se fora do acordo, pois decidira, após refletir, esperar mais uma semana antes de lançar mão de um expediente tão odioso e terrível. Os demais o acusaram de quebra de confiança e prosseguiram com o lançamento do dado. Chegada a vez de Whetmore, um dos réus lançou o dado por ele, que, perguntado se tinha quaisquer objeções quanto à justiça do lance, respondeu que não. O dado não o favoreceu, e ele foi morto e devorado pelos companheiros.

Após serem resgatados e permanecerem um tempo no hospital, onde foram submetidos a tratamento contra a desnutrição e o choque, os réus foram denunciados pelo assassinato de Roger Whetmore. No julgamento, depois de concluído o depoimento, o presidente do júri (um advogado por profissão) perguntou ao tribunal se o júri não poderia chegar a um veredito especial, deixando que o tribunal apontasse onde os fatos, conforme apresentados, indicavam a culpa dos réus. Depois de alguma discussão, o representante do Ministério Público e o advogado dos réus declararam aceitar o procedimento, que foi adotado pelo juiz. Em um longo veredito especial, o júri entendeu os fatos conforme eu os descrevi acima, e entendeu mais ainda que, se esses fatos apontavam a culpa dos réus pelo crime a eles imputado, então também ele, o júri, declarava os réus culpados. Com base nesse veredito, o juiz de primeira instância declarou que os réus eram culpados do assassinato de Roger Whetmore e determinou a sentença de enforcamento, não cabendo ao juiz, de acordo com a lei de nossa *Commonwealth*, o poder de decisão quanto à punição a ser imposta. Depois de liberados, os membros do júri se uniram em um comunicado ao chefe do Poder Executivo, pedindo a comutação da sentença em prisão por um período de seis meses. O juiz de primeira instância encaminhou um comunicado similar ao Chefe do Poder Executivo. Até agora, nenhuma ação a respeito de tal contestação foi tomada, pois o Chefe do Poder Executivo parece estar aguardando nosso julgamento desse recurso.

Parece-me que, no tratamento deste caso extraordinário, o júri e o juiz seguiram um caminho não apenas justo e prudente, mas o único caminho a eles aberto no domínio da lei. A letra de nossa lei é bem conhecida: "Todo aquele que, intencionalmente, tirar a vida de outro, será punido com a morte". N.C.S.A. (N. S.) § 12-A. Essa lei não admite qualquer exceção aplicável a este caso, muito embora nossa compaixão nos leve a fazer concessões em virtude da trágica situação na qual os réus se encontravam.

Em um caso como este, o princípio da clemência executiva parece admiravelmente apropriado para mitigar o rigor da lei, e eu proponho aos meus colegas que sigamos o exemplo do júri e do juiz de primeira instância, fazendo coro aos comunicados que eles encaminharam ao chefe do Poder Executivo. Temos todos os motivos para crer que tais pedidos de clemência serão atendidos, apresentados como foram por aqueles que estudaram o caso e tiveram a oportunidade de conhecer detalhadamente todas as circunstâncias. É bastante improvável que o Chefe do Poder Executivo venha a negar esses pedidos, a não ser que ele mesmo deva realizar audiências pelo menos tão longas quanto aquelas envolvidas no julgamento de primeira instância, cuja duração foi de três meses. A realização de tais audiências – que deve equivaler praticamente a um novo julgamento do caso – é pouco compatível com a função do Poder Executivo como costuma ser entendida. Penso que podemos, portanto, assumir que alguma forma de clemência será estendida aos réus. Sendo esse o desfecho, a justiça será feita sem prejuízo da letra nem do espírito de nossa lei e sem estímulo a qualquer forma de desrespeito a ela.

Foster, J.

Estou chocado pelo fato de que o magistrado, em um esforço de fugir ao embaraço acarretado por este trágico caso, tenha adotado, bem como proposto a seus colegas, um expediente ao mesmo tempo tão sórdido e óbvio. Eu acredito que alguma coisa mais está em julgamento neste caso, além da sorte dos infelizes exploradores: a própria lei desta *Commonwealth*. Se este Tribunal declarar que, segundo nossa lei, os réus cometeram um crime, então essa nossa lei está condenada no tribunal do senso comum, independentemente do que venha a acontecer aos indivíduos autores dessa apelação. Afirmarmos que a lei que defendemos, e sobre a qual nos debruçamos, leva-nos a uma conclusão de que nos envergonhamos e da qual só podemos fugir apelando a uma isenção que repousa no capricho pessoal do Judiciário, parece-me equivaler à admissão de que a lei deste Estado já não mais finge se revestir de justiça.

No que tange a mim, não acredito que nossa lei conduza à monstruosa conclusão de que esses homens são assassinos. Ao contrário, creio que ela os declara inocentes de qualquer crime. Sustento minha conclusão em dois fundamentos independentes, cada um dos quais, por si só, suficiente para justificar a absolvição desses réus.

O primeiro deles se apoia em uma premissa que, antes de ser examinada com franqueza, pode suscitar oposição.

Defendo a opinião de que a lei promulgada, ou direito positivo, desta *Commonwealth*, incluindo todos os seus dispositivos legais, não é aplicável a este caso, que entendo ser, ao contrário, regido por aquilo que escritores antigos na Europa e na América denominaram "a lei da natureza".

Essa conclusão tem por sustentáculo a proposição de que nosso direito positivo se baseia na possibilidade da coexistência humana dentro de uma sociedade. Quando surge uma situação na qual tal coexistência seja impossível, então a condição subjacente a todas as nossas leis deixa de existir. A inexistência de tal condição implica, em minha opinião, a inexistência da força de nosso direito positivo. Não temos o hábito de aplicar a máxima *cessante ratione legis, cessat et ipsa lex* ao conjunto de nossa lei promulgada, mas acredito que este é um caso no qual ela deva ser assim aplicada.

A proposição de que todo o direito positivo seja norteado pela possibilidade da coexistência entre os homens soa de certo modo estranha, não porque a verdade aí contida seja estranha, mas simplesmente porque é uma verdade tão óbvia e universal que é raro termos a oportunidade de expressá-la em palavras. O mesmo ocorre com o ar que respiramos. Ele se propaga de tal modo em nosso ambiente que só nos damos conta de sua existência quando de repente somos dele privados. Quaisquer que sejam os propósitos particulares pretendidos pelas várias especialidades de nossa lei, parece-me que todos eles têm por objetivo facilitar e aprimorar a coexistência humana e regulamentar com justiça e equidade as relações da vida em comum das pessoas. Quando a suposição de que os homens podem viver em comunidade deixa de ser verdadeira, como obviamente aconteceu nesta situação extraordinária, na qual a vida só se tornou possível mediante a supressão da vida, então as premissas básicas que norteiam toda a nossa ordem jurídica perdem a força e o significado.

Tivessem os trágicos eventos deste caso ocorrido mais de um quilômetro além de nossos limites territoriais, ninguém presumiria que nossa lei fosse a eles aplicável. Reconhecemos que a jurisdição se assenta em uma base territorial. Os fundamentos desse princípio, raramente examinados, em hipótese alguma saltam à vista. Entendo que esse princípio repousa na suposição de que é factível impor uma ordem jurídica única sobre um grupo de homens somente se eles viverem juntos dentro das fronteiras de dada área da superfície terrestre. A premissa de que a humanidade deve coexistir em um grupo constitui então a base do princípio territorial, como faz toda lei. Contesto agora que um caso possa ser moral e geograficamente separado da força de uma ordem jurídica. Se considerarmos os propósitos da lei e do governo, bem como as premissas subjacentes ao nosso direito positivo, quando tomaram a fatídica decisão, esses homens estavam tão distantes de nossa ordem jurídica como se estivessem centenas de quilômetros além de nossas fronteiras. Mesmo no sentido físico, a prisão subterrânea em que se encontravam estava separada de nossos tribunais e mandados judiciais por uma sólida cortina de rochas cuja remoção só foi possível à custa de tempo e esforço extraordinários.

Concluo, portanto, que no momento em que a vida de Roger Whetmore foi ceifada pelos réus, eles estavam, na excêntrica linguagem dos escritores do século XIX, não em um "estado de sociedade civil", mas sim em um "estado de natureza". A consequência de tal axioma é que a lei aplicável a eles não é a lei promulgada e estabelecida desta *Commonwealth*, senão a lei decorrente daqueles princípios compatíveis com a condição em que se encontravam. Não hesito em afirmar que, à luz de tais princípios, eles são inocentes de qualquer crime.

O ato perpetrado por esses homens estava em conformidade com um acordo aceito por todos e, de início, proposto pelo próprio Whetmore. Sendo evidente que aquela circunstância extraordinária tornou inaplicáveis os princípios usuais que regem as inter-relações humanas, a necessidade os obrigou, por assim dizer, a redigir uma nova carta constitucional apropriada à situação em que se encontravam.

Desde a Antiguidade, se reconhece que o mais básico princípio da lei ou do governo reside no conceito de contrato ou acordo. Os antigos pensadores, em especial no período entre 1600 e 1900, costumavam fundamentar o próprio governo em um suposto tratado social original.

Os céticos ressaltavam que essa teoria contradiz os fatos conhecidos da história e que não há evidências científicas capazes de sustentar a ideia de que qualquer governo tenha um dia sido instituído da maneira suposta pela teoria. Os moralistas contestavam alegando que, se o tratado era uma ficção do ponto de vista histórico, a ideia de tratado ou contrato fornecia a única justificativa ética na qual os poderes de governo, que incluem o de tirar a vida, poderiam estar alicerçados. Os poderes de governo só podem ser moralmente justificados sob o pretexto de que se trata de poderes que os homens sensatos aceitariam, e com os quais concordariam, se defrontados com a necessidade de instaurar de novo alguma ordem a fim de tornar possível a vida deles em comunidade.

Felizmente, nossa *Commonwealth* não é incomodada pela desorientação que assediava os antigos. Sabemos, por uma questão de verdade histórica, que nosso governo foi alicerçado sobre um contrato ou livre acordo de homens. É conclusiva a prova arqueológica de que, no primeiro período seguinte à Grande Espiral, os sobreviventes daquele holocausto se uniram voluntariamente e traçaram uma carta constitucional. Escritores sofistas levantaram questionamentos quanto ao poder daqueles empreiteiros de um tempo longínquo para comprometer futuras gerações, todavia, subsiste o fato de que há uma linha ininterrupta que liga retrospectivamente nosso governo àquela carta original.

Se, portanto, nossos carrascos têm o poder de pôr fim à vida humana, se nossos xerifes têm o poder de colocar na rua inquilinos inadimplentes, se nossa polícia tem o poder de encarcerar foliões embriagados, então, a justificativa moral de tais poderes assenta-se naquele tratado original de nossos antepassados. Se não conseguimos encontrar uma origem superior para nossa ordem jurídica, que origem superior poderíamos esperar que esses infelizes famintos encontrassem para a ordem que adotaram para si próprios?

Acredito que a linha de raciocínio que acabei de expor não admite uma resposta racional. Entendo que ela será provavelmente recebida com certa preocupação por muitos daqueles que lerem esse parecer, os quais estarão propensos a suspeitar que algum sofisma se oculta por baixo de uma demonstração que conduz a tantas conclusões estranhas. Entretanto, não é difícil identificar a fonte dessa inquietação. As condições usuais da existência humana nos levam a encarar a vida humana como um valor absoluto, que não deve ser sacrificado sob nenhuma circunstância. Há muito de falso nesse conceito, mesmo quando aplicado às relações costumeiras da sociedade. Uma ilustração dessa verdade pode ser identificada no caso que temos diante de nós. Dez trabalhadores morreram na tarefa de remover as rochas que obstruíam a entrada da caverna. Não sabiam os engenheiros e funcionários do governo, que conduziram o trabalho de resgate, que as operações eram perigosas e envolviam um grave risco à vida dos homens que a executavam? Admitindo-se que era apropriado o sacrifício dessas dez vidas para salvar a vida dos cinco exploradores privados do contato com o mundo exterior, por que então devemos considerar errado que esses exploradores adotassem uma providência capaz de salvar quatro vidas à custa de uma?

Qualquer rodovia, túnel ou edifício que projetamos envolve risco à vida humana. Tomando o conjunto desses projetos, podemos calcular com certa precisão quantas vidas podem vir a ser ceifadas em sua execução. Os estatísticos podem dizer qual é o custo médio, em vidas humanas, de uma rodovia de concreto com quatro pistas e extensão de cerca de mil quilômetros. Mesmo assim, deliberada e conscientemente aceitamos e pagamos esse custo, baseados na suposição de que o valor gerado para aqueles que sobrevivem supera a perda. Se tais coisas podem ser ditas de uma sociedade que vive sobre a terra nas condições normais e habituais, o que dizer do suposto valor absoluto de uma vida humana na situação desesperada em que os réus e seu companheiro Whetmore se encontravam?

Assim, concluo a exposição do primeiro fundamento de minha decisão. O segundo começa com a hipotética rejeição de todas as premissas que até aqui sustentei. Admito, para efeito de raciocínio, ter cometido um erro ao considerar que a situação desses homens os colocou fora do alcance dos efeitos de nosso direito positivo, e assumo que nossas leis consolidadas têm o poder de penetrar abaixo de mil e quinhentos metros de rocha e se impor a esses homens famintos comprimidos em sua prisão subterrânea.

Decerto, vemos agora com perfeita clareza que o ato cometido pelos réus viola a redação literal da lei, segundo a qual aquele que "intencionalmente tira a vida de outro" é um assassino. Contudo, um dos mais antigos fragmentos da sabedoria jurídica é o ditado segundo o qual um homem pode violar a letra da lei sem violar a própria lei. Todo enunciado do direito positivo, quer esteja contido em uma lei promulgada pelo Poder Legislativo ou em uma decisão judicial, deve ser interpretado com sensatez, à luz de seu propósito evidente. Essa é uma verdade tão elementar que dispensa qualquer digressão. São inúmeras as ilustrações de sua aplicação, ilustrações estas que podem ser encontradas em todas as ramificações da lei. No caso *Commonwealth vs. Staymore*, o acusado foi condenado com base em uma lei que considera ser crime o ato de deixar seu veículo estacionado em determinadas áreas por um período superior a duas horas. O réu tentou retirar o veículo do local, mas uma manifestação política, da qual ele não tomava parte e que não tinha qualquer motivo para antever, obstruía as ruas e, portanto, impediu-o de fazê-lo. A condenação foi anulada por este Tribunal, muito embora o caso se enquadrasse no texto da lei. Em outro caso, *Fehler vs. Neegas*, tivemos diante deste Tribunal um projeto de lei no qual a palavra "não" fora claramente transposta de sua pretendida posição na seção final e mais crucial do texto. Tal transposição foi observada em todas as minutas subsequentes, sugerindo certo descuido dos redatores e patrocinadores da legislação. Ninguém conseguiu provar como o erro surgiu, mas, levando-se em conta o conteúdo da lei como um todo, estava claro que um erro fora cometido, pois uma leitura literal da cláusula final revelava-a inconsistente com tudo o que a precedia e com o objeto da lei conforme indicado em seu preâmbulo. Este Tribunal se recusou a aceitar a interpretação literal da lei e, de fato, emendou sua redação, lendo a palavra "não" no lugar que evidentemente era destinado a ela.

A lei que temos diante de nós para interpretação nunca foi literalmente aplicada. Há séculos, foi estabelecido que matar em defesa própria é um ato passível de perdão. Não existe nada na redação da lei que sugira tal exceção. Foram feitas diversas tentativas no sentido de conciliar o tratamento jurídico dado à legítima defesa com a letra da lei, contudo, creio que todas elas não passam de meros sofismas engenhosos. A verdade é que não há como conciliar a exceção em favor da legítima defesa com a *letra* da lei, mas apenas com o *propósito* dela.

A verdadeira conciliação da desculpa da legítima defesa com a lei que reconhece um crime no ato de matar outra pessoa deve ser encontrada na linha de raciocínio a seguir. Um dos principais objetivos subjacentes a qualquer legislação penal é dissuadir os homens de cometer um crime. Fica claro, todavia, que se for entendido que a lei manda considerar assassinato o ato de matar em defesa própria, essa lei perderia seu caráter dissuasivo. Um homem cuja vida esteja ameaçada se defenderá de seu agressor, independentemente do que diga a lei. Examinando-se, portanto, o propósito geral da legislação penal, podemos declarar com segurança que essa lei não foi proposta com o intuito de ser aplicada a casos de legítima defesa.

Quando o fundamento lógico da desculpa da legítima defesa é assim explicado, torna-se evidente que exatamente o mesmo raciocínio é aplicado ao caso em disputa. Se, no futuro, qualquer grupo de homens estiver diante do trágico dilema desses réus, podemos estar certos de que a decisão de viver ou morrer não será controlada pelo texto de nosso código penal. Do mesmo modo, se interpretarmos essa lei com inteligência, fica claro que ela não se aplica ao caso em questão. A supressão dos efeitos da lei em tal situação é justificada precisamente pelas mesmas considerações adotadas séculos atrás para o caso de legítima defesa, por nossos antecessores então no poder.

Há aqueles que levantam o grito de usurpação judicial sempre que um tribunal, depois de analisar o propósito de uma lei, atribui a suas palavras um significado que não está à primeira vista claro para um leitor casual, que não a estudou mais detalhadamente nem examinou os objetivos que ela visa a atingir.

Permitam-me declarar enfaticamente que aceito sem reservas a proposição de que este Tribunal está sujeito às leis de nossa *Commonwealth* e exerce seus poderes em estrita subserviência ao desejo devidamente expresso da Câmara de representantes. A linha de raciocínio que apliquei acima não levanta qualquer questão de fidelidade à lei promulgada, muito embora possa talvez suscitar um debate quanto à distinção entre fidelidade inteligente e não inteligente. Nenhum superior deseja ter um servidor que careça da capacidade de ler nas entrelinhas. A empregada doméstica mais obtusa sabe muito bem que quando a patroa manda "descascar a sopa e mexer as batatas" ela não quer exatamente o que diz. Ela sabe também que, quando o senhor diz para "largar tudo e vir correndo", ele não considerou a possibilidade de ela estar naquele momento tirando o bebê do reservatório de água de chuva. Decerto temos o direito de esperar que o Judiciário atue com o mesmo padrão mínimo de inteligência. A correção de erros ou equívocos legislativos óbvios não deve se sobrepor ao desejo legislativo, mas sim torná-lo efetivo.

Concluo, portanto, que em relação a qualquer aspecto sob o qual este caso possa ser examinado, os réus são inocentes do crime de assassinato de Roger Whetmore e a condenação deve ser revogada.

Tatting, J.

No desempenho de meus deveres de juiz deste Tribunal, costumo ser capaz de dissociar o lado emocional do intelectual em minhas reações, bem como decidir o caso a mim apresentado com base unicamente na razão. No entanto, diante deste caso trágico, sinto-me privado de meus recursos habituais. No lado emocional, encontro-me dividido entre a compaixão por esses homens e o sentimento de repugnância e desgosto pelo ato monstruoso que eles cometeram. Eu esperava conseguir deixar de lado, como irrelevantes, essas emoções contraditórias e decidir o caso com base em uma demonstração lógica e convincente do resultado, como exige nossa lei. Infelizmente, essa capacidade de deliberação está fora do meu alcance.

Analisando o parecer apresentado por meu companheiro de toga Foster, identifico nele uma abundância de contradições e falácias. Vamos começar com a primeira proposição: esses homens não estavam sujeitos à nossa lei porque não se encontravam em um "estado de sociedade civil", mas sim em um "estado de natureza". Não tenho clareza quanto ao porquê de tal proposição, quer seja uma decorrência da densidade da rocha que os aprisionara, da fome que os assolava ou ainda do fato de eles terem estabelecido uma "nova carta constitucional", o jogo dos dados tomou o lugar das normas jurídicas usuais. Outras dificuldades aparecem. Se esses homens passaram da jurisdição de nossa lei para a da "lei da natureza", em que momento isso ocorreu? Foi quando a entrada da caverna ficou bloqueada, quando a ameaça de morte por inanição atingiu certo grau indistinto de intensidade ou quando selado o acordo de jogar o dado? Essas incertezas na teoria proposta por meu companheiro de toga são capazes de gerar dificuldades reais. Suponhamos, por exemplo, que um dos réus tivesse completado 21 anos enquanto estava preso dentro daquela montanha. Em que data deveríamos considerar que ele atingiu a maioridade? Quando completou 21 anos e estava, por hipótese, fora do alcance dos efeitos de nossa lei, ou apenas quando foi libertado da caverna e se tornou novamente sujeito àquilo que meu colega denomina nosso "direito positivo"? Tais dificuldades podem parecer fantasiosas, mas servem apenas para revelar a natureza fantasiosa da teoria capaz de produzi-las.

Todavia, não se faz necessário explorar mais essas sutilezas para demonstrar o absurdo da posição assumida por meu colega. Sua Excelência o Juiz Foster e eu somos juízes nomeados de um Tribunal do Estado de Newgarth, juramentados e com poderes para aplicar as leis desta *Commonwealth*. Com que autoridade nós nos convertemos em um Tribunal da Natureza? Se os réus estivessem de fato submetidos à lei do direito natural, de onde vem nossa autoridade para expor e aplicar essa lei? Certamente, não estamos em um estado de natureza.

Vamos examinar o conteúdo desse código da natureza que meu companheiro nos propõe adotar como nosso e aplicá-lo ao caso em questão. Que código odioso e distorcido! É um código em que a lei de contratos é mais fundamental do que a lei do assassinato. É um código sob o qual um homem pode celebrar um contrato válido que dá a seus companheiros o poder de lhe consumir a própria carne. Além do mais, de acordo com as disposições nele expressas, uma vez celebrado, tal acordo torna-se irrevogável. Assim sendo, se uma das partes tentar se retirar, os demais podem tomar a lei nas próprias mãos e impor o contrato por meio de violência – pois, muito embora meu companheiro ignore, com conveniente silêncio, o efeito da desistência de Whetmore, essa é a implicação necessária do raciocínio por ele adotado.

Os princípios que meu companheiro expõe contêm outras implicações que não podem ser toleradas. Ele argumenta que, quando os réus se lançaram sobre Whetmore e o mataram – não sabemos como, talvez agredindo-o com pedras –, estavam apenas exercitando os direitos a eles conferidos pelo acordo que selaram. Vamos supor, no entanto, que Whetmore trouxesse um revólver escondido consigo, e que, ao perceber a intenção dos réus de executá-lo, tivesse atirado para matá-los a fim de salvar a própria vida. Se aplicado a esses fatos, o raciocínio de meu companheiro tornaria Whetmore um assassino, já que a desculpa da legítima defesa teria que ser negada a ele. Se os agressores estivessem agindo legitimamente ao tentar matar Whetmore, sem dúvida alguma ele não poderia alegar defesa da própria vida; como não poderia fazê-lo um prisioneiro condenado que derruba o carrasco no momento em que este, agindo em nome da lei, tenta lhe colocar o laço em volta do pescoço.

Todas essas considerações me impedem de acatar a primeira parte da argumentação de meu companheiro. Não posso aceitar a ideia exposta de que os réus estavam subordinados a um código da natureza cuja aplicação a eles seja dever deste Tribunal, como tampouco posso ter como legítimas as regras odiosas e pervertidas que ele lê naquele código. Chego agora à segunda parte do parecer de meu colega, no qual ele procura demonstrar que os réus não violaram os dispositivos de N.C.S.A. (N.S.) § 12-A. Nesse ponto, o caminho se torna para mim obscuro e ambíguo, embora meu companheiro pareça ignorar as dificuldades inerentes às suas demonstrações.

A essência da argumentação de meu parceiro pode ser enunciada nos seguintes termos: nenhuma lei, qualquer que seja sua redação, deve ser aplicada de maneira a contrariar o próprio objetivo. Um dos propósitos de todo código penal é dissuadir. A aplicação aos fatos peculiares deste caso, da lei que define como crime matar alguém, estaria em contradição com tal propósito, pois é impossível acreditar que o conteúdo do código penal poderia atuar de forma dissuasiva sobre homens defrontados com a alternativa de viver ou morrer. O raciocínio segundo o qual essa exceção é lida no texto da lei é – meu companheiro assim observa – o mesmo que se aplica com o intuito de fornecer a desculpa da legítima defesa.

Diante das circunstâncias, essa demonstração parece de fato bastante convincente. A interpretação dada por meu companheiro para a justificativa da desculpa da legítima defesa é, com efeito, apoiada por uma decisão deste Tribunal – *Commonwealth vs. Parry* –, um precedente que encontrei durante minha pesquisa a respeito deste caso. Muito embora possa haver a impressão geral de que o caso *Commonwealth vs. Parry* tenha sido ignorado nos textos e nas decisões subsequentes, ele sustenta inequivocamente a interpretação que meu parceiro fez da desculpa da legítima defesa.

Permitam-me agora descrever, não obstante brevemente, as perplexidades que me assaltam quando examino com mais atenção as demonstrações de meu companheiro. É verdade que uma lei deve ser aplicada à luz de seu propósito, e que *um* dos propósitos da legislação penal é, reconhecidamente, ser dissuasiva. A dificuldade reside no fato de que outros propósitos são também conferidos à lei criminal. Já foi dito que um de seus fins é fornecer uma saída ordenada para a instintiva demanda humana por retribuição. *Commonwealth vs. Scape*. Também é sabido que um objetivo é a reabilitação do transgressor. *Commonwealth vs. Makeover*. Outras teorias foram propostas.

Partindo-se do princípio de que devemos interpretar uma lei à luz de seu propósito, o que nos cabe fazer quando são muitos os propósitos ou quando eles são controversos?

Dificuldade similar decorre do fato de que, muito embora a interpretação proposta por meu companheiro para a desculpa da legítima defesa tenha fundamentos sólidos, há ainda outros fundamentos que conferem a essa defesa uma lógica diferente. Com efeito, até chegar a *Commonwealth vs. Parry*, eu jamais me defrontara com tal explanação dada por meu colega. A doutrina ensinada em nossas escolas de direito, memorizadas por tantas gerações de estudantes, é enunciada nos seguintes termos: a lei relativa a assassinato requer a existência de um ato "intencional". O homem que age para repelir uma ameaça agressiva à sua vida não age de maneira "intencional", mas sim em resposta a um impulso arraigado no recôndito da natureza humana. Imagino que dificilmente encontraremos um advogado nesta *Commonwealth* que desconheça essa linha de raciocínio, em especial por ser ela grande favorita dos examinadores da Ordem dos Advogados.

Agora, obviamente, essa explanação bem conhecida que acabamos de expor para a desculpa da legítima defesa não pode ser aplicada por analogia aos fatos do caso em questão. Os réus não só agiram com "intencionalidade", como também com grande deliberação e após horas de discussão sobre o que deveriam fazer. Mais uma vez, vemo-nos diante de uma encruzilhada, na qual uma linha de raciocínio conduz em uma direção, e a outra na direção exatamente oposta. No caso que se apresenta diante de nós, essa perplexidade é complexa, por assim dizer, pois temos que contrabalançar uma explicação incorporada em um precedente praticamente desconhecido deste Tribunal, contra outra explicação que forma uma parte da tradição legal ensinada por nossas escolas de direito, mas que, até onde me cabe saber, nunca foi adotada em qualquer decisão judicial.

Reconheço a relevância dos precedentes citados por meu colega no que diz respeito ao "não" deslocado de seu lugar pretendido e ao réu que usou o estacionamento além do tempo previsto. Mas o que devemos fazer com uma das balizas de nossa jurisprudência, que, mais uma vez, meu companheiro ignora em silêncio? Esta é *Commonwealth vs. Valjean*. Ainda que o caso tenha uma narrativa um tanto obscura, parece que o réu foi denunciado pelo furto de um pedaço de pão e apresentou como defesa a desculpa de estar muito perto de morrer de inanição. O tribunal se negou a aceitar essa defesa. Se a fome não pode ser usada para justificar o roubo de um alimento saudável e natural, como poderia legitimar o ato de se matar e devorar um homem? De novo, se encararmos o fato sob o ponto de vista da dissuasão, seria provável que um homem optasse por morrer de inanição para evitar uma sentença de prisão pelo furto de um pedaço de pão? As demonstrações de meu colega nos obrigariam a rejeitar a *Commonwealth vs.*

Valjean e muitas outras decisões judiciais decorrentes desse caso.

Mais uma vez tenho dificuldade em aceitar que nenhum efeito dissuasivo, seja ele qual for, poderia ser atribuído a uma decisão de culpa por assassinato. É tal o estigma da palavra "assassino" que, muito provavelmente, acredito eu, se os réus soubessem que seu ato era considerado assassinato de acordo com a lei, teriam esperado alguns dias pelo menos antes de levar a efeito o plano acordado. Durante essa espera, poderia chegar algum socorro inesperado. Entendo que essa observação apenas reduz a distinção a uma questão de grau e não a elimina por completo. Certamente é verdadeiro que o elemento de dissuasão teria menos força neste caso do que na aplicação normal da lei penal.

Vejo ainda mais uma dificuldade na proposta feita por meu colega Foster no sentido de se reconhecer uma exceção na lei, em favor do caso em questão, muito embora seja uma dificuldade nem mesmo insinuada no parecer dele. Qual deve ser o escopo de tal exceção? Aqui, os homens lançaram o dado e a vítima fazia inicialmente parte do acordo. Como deveria ser nossa decisão se Whetmore tivesse se recusado desde o começo a participar do plano? Seria admissível que a maioria o ignorasse? Ou talvez, vamos supor que não houvesse plano algum e que os outros tivessem simplesmente conspirado para a morte de Whetmore, usando como justificativa a escusa de que era ele o mais fraco de todos. Ou, de novo, que fosse seguido um plano de seleção, porém um plano baseado em uma justificativa diferente daquela de fato adotada, uma justificativa na qual os réus se dissessem ateus e insistissem no sacrifício de Whetmore, alegando ser ele o único que acreditava na vida após a morte. Eu poderia citar muitos outros exemplos, mas os que foram apresentados já são suficientes para revelar o atoleiro de dificuldades ocultas encerrado no raciocínio de meu colega.

Com certeza, ao refletir eu percebo a possibilidade de estar me preocupando com um problema que nunca será levantado, posto ser improvável que qualquer grupo de homens seja novamente levado a cometer o ato medonho, objeto da presente discussão. Refletindo um pouco mais, mesmo estando certos de que nenhum caso similar surgirá outra vez, os exemplos que apresentei não mostram, por acaso, a carência de qualquer princípio coerente e racional na regra proposta por meu companheiro? Não deveria a solidez de um princípio ser testada pelas conclusões que ele acarreta, sem referência aos acidentes da história litigiosa posterior? Mais ainda, em assim sendo, por que nós, deste Tribunal, com tanta frequência discutimos a questão de podermos vir a ter mais tarde ocasião de aplicar um princípio tão premente para a solução do caso com o qual nos defrontamos? Será esta uma situação em que uma linha de raciocínio não adequada originalmente seja sancionada por um precedente, de modo a termos permissão de aplicá-la e, até mesmo, sermos obrigados a fazê-lo?

Quanto mais examino este caso e penso sobre ele, mais profundamente envolvido eu fico. Minha mente se emaranha nas teias das próprias redes que lancei para meu resgate. Acredito que quase todas as considerações relevantes para a decisão do caso são contrabalançadas por uma consideração contrária que conduz a uma direção oposta. Meu colega Foster não me forneceu, bem como não consegui descobrir, qualquer fórmula capaz de solucionar as ambiguidades que me assediam por todos os lados.

Eu me debrucei sobre este caso com toda a dedicação de que sou capaz. Quase não dormi desde que ele nos foi apresentado. Quando me sinto inclinado a aceitar a ideia de meu companheiro Foster, sou repelido pelo sentimento de que sua argumentação é intelectualmente frágil e beira a mera racionalização. Por outro lado, quando me inclino no sentido de endossar a condenação, sou acossado pelo contrassenso de ordenar a morte desses homens quando a vida deles foi salva ao custo da vida de dez heroicos trabalhadores. Eu lamento o fato de o representante do Ministério Público ter considerado adequado pedir a denúncia por assassinato. Se houvesse em nossa lei a previsão de crime para o ato de se comer carne humana, essa teria sido uma acusação mais apropriada. Diante da impossibilidade de se poder levantar contra os réus outra acusação adequada aos fatos deste caso, teria sido mais prudente, penso eu, simplesmente não denunciá-los. Lamentavelmente, no entanto, os homens foram denunciados e julgados, e nós fomos, por conseguinte, arrastados para dentro deste caso infeliz.

Uma vez que eu me sinto totalmente incapaz de resolver as dúvidas sobre a lei que me assolam neste caso, anuncio com pesar um passo que, acredito, não tem precedentes na história deste Tribunal. Eu declaro meu afastamento da decisão do caso.

Keen, J.

Eu gostaria de começar destacando duas questões que não fazem parte das atribuições deste Tribunal e, portanto, deveriam ser deixadas de lado.

A primeira delas visa a discutir se o benefício da clemência deveria ser estendido a esses réus, no evento da confirmação da condenação. Dentro de nosso sistema de governo, essa é uma matéria a ser examinada pelo chefe do Poder Executivo, não por nós. Desaprovo, portanto, aquela passagem do parecer do Presidente da Corte, na qual ele, de fato, dá instruções ao Chefe do Poder Executivo quanto à ação a ser adotada neste caso, e sugere que será acusada alguma inadequação se essas instruções não forem atendidas. Há aí uma confusão de funções governamentais – uma confusão da qual o Judiciário deveria ser o último a receber a culpa. Desejo afirmar que, fosse eu o Chefe do Poder Executivo, iria mais longe na direção da clemência do que propõem os apelos dirigidos a ele. Eu perdoaria inteiramente esses homens, pois acredito que eles já sofreram o suficiente para pagar por qualquer crime que possam ter cometido. Quero que seja entendido que faço essa observação na qualidade de cidadão comum que, por força de seu ofício, acaba por conhecer intimamente os fatos deste caso. No desempenho de meus deveres de juiz, para chegar à minha própria decisão, que deve ser inteiramente regida pela lei desta *Commonwealth*, não me cabe endereçar instruções ao Chefe do Poder Executivo, tampouco levar em consideração o que ele pode ou não pode fazer.

A segunda questão que desejo destacar diz respeito a decidir se o que esses homens fizeram foi "certo" ou "errado", "perverso" ou "bondoso". Esta também é uma questão irrelevante para o desempenho de meus deveres de juiz juramentado para aplicar, não minhas concepções de moralidade, mas sim a lei do país. Colocando de lado essas questões, penso que posso dispensar sem comentários a primeira e mais poética parte do parecer de meu colega Foster. O elemento fantasioso contido na argumentação lá desenvolvida já foi suficientemente revelado na tentativa um tanto solene do companheiro Tatting de levar a sério aquela exposição de razões.

A única questão que temos aqui para decidir é se esses réus, dentro do propósito de N.C.S.A. (N.S.) § 12-A, tiraram intencionalmente a vida de Roger Whetmore. A exata redação da lei é a seguinte: "Todo aquele que, intencionalmente, tirar a vida de outro, será punido com a morte". Devo agora supor que qualquer observador inocente, satisfeito em extrair dessas palavras seu significado natural, admite de imediato que os réus "tiraram intencionalmente a vida" de Roger Whetmore.

De onde então resultam todas as dificuldades do caso e a necessidade de tantas páginas de discussão sobre o que deveria ser tão óbvio? Todas as dificuldades, qualquer que seja a forma como se apresentam, remontam a uma única fonte, e constitui um erro distinguir os aspectos legais dos aspectos morais deste caso. Falando sem rodeios, meus colegas não gostam do fato de que a lei escrita exige a condenação dos réus. Também eu não gosto, mas, ao contrário de meus companheiros, respeito as obrigações de um ofício que me força a afastar de minha mente as predileções pessoais quando devo interpretar e aplicar a lei desta *Commonwealth*.

Agora, meu colega Foster decerto não admite ser influenciado por uma objeção pessoal pela lei escrita. Em vez disso, ele desenvolve uma conhecida linha de raciocínio, de acordo com a qual o tribunal pode desconsiderar a letra expressa de uma lei quando algo não contido nela própria, denominado seu "propósito", puder ser empregado para justificar o resultado que o tribunal considera apropriado. Como esse é um antigo ponto de controvérsia entre mim e meu colega, antes de discutir a aplicação particular do raciocínio dele aos fatos deste caso, eu gostaria de dizer algo a respeito do contexto histórico dessa controvérsia e suas implicações para a lei e o governo em geral.

Houve um tempo nesta *Commonwealth* em que os juízes de fato legislavam de forma livre, e todos nós sabemos que durante aquele período algumas de nossas leis eram, de preferência, inteiramente criadas pelo Judiciário. Foi um tempo no qual os princípios aceitos da ciência política não indicavam com um mínimo grau de certeza a categoria e a função dos diversos braços do Estado. Todos conhecemos o trágico problema daquela incerteza na breve guerra civil que surgiu do conflito entre o Judiciário, de um lado, e o Executivo e o Legislativo, do outro. Não há necessidade de recontar aqui os fatores que contribuíram para aquela indecorosa guerra pelo poder. É suficiente citar o caráter não representativo da Câmara, resultante de uma divisão do país em distritos eleitorais que já não se harmonizavam com a real distribuição da população, bem como a personalidade forte e a vasta popularidade do então Presidente da Corte. Basta observar que aqueles dias fazem parte do passado, e que no lugar da incerteza então reinante temos hoje um princípio claro, que é a supremacia do braço legislativo de nosso governo. Desse princípio emana a obrigação do Judiciário de fazer cumprir fielmente a lei escrita e de interpretar essa lei de acordo com seu significado claro, sem qualquer preferência por nossos desejos pessoais ou nossas concepções individuais de justiça. O que me importa não é definir se o princípio que proíbe a revisão judicial das leis é certo ou errado, desejável ou indesejável. Eu me limito a observar que esse princípio se tornou premissa tácita subjacente a toda a ordem legal e governamental que jurei defender.

No entanto, embora o princípio da supremacia do Poder Legislativo tenha sido aceito na teoria durante séculos, tais são a tenacidade da tradição profissional e a força de padrões de pensamento estabelecidos, que muitos dos membros do Judiciário ainda não se adaptaram ao papel restrito que a nova ordem impõe a eles. Meu colega Foster faz parte desse grupo. A maneira como ele lida com as leis é exatamente a de um juiz que viveu nos anos 3900.

Ninguém desconhece o processo pelo qual é realizada a reforma judicial de decretos legislativos não aprovados. Qualquer pessoa que tenha acompanhado as opiniões escritas de Sua Excelência o Ministro Foster terá tido uma oportunidade de ver tal processo em ação em todas as subdivisões da lei. Estou tão familiarizado com o processo que, na eventualidade da incapacitação de meu companheiro, tenho certeza de que poderia escrever um parecer satisfatório em nome dele, sem necessidade de qualquer forma de lembrete, exceto ser informado se ele aprovou o efeito dos termos da lei conforme aplicados ao caso apresentados para sua análise.

O processo de reforma judicial se dá em três etapas. A primeira delas é presumir algum "propósito" único a que a lei serve. Isso é feito a despeito de não haver uma lei sequer dentre cem que tenha tal propósito único, bem como de serem os objetivos de praticamente todas as leis interpretados de modo diferente por suas diferentes classes de proponentes. A segunda etapa é descobrir que um ser mítico denominado "o legislador", na busca desse "propósito" imaginado, negligenciou algo ou deixou em seu trabalho alguma lacuna ou imperfeição. Temos então a etapa final e mais estimulante da tarefa, que vem a ser, sem qualquer sombra de dúvida, preencher os hiatos assim criados. *Quod erat faciendum*.

A propensão demonstrada por meu companheiro Foster para encontrar brechas nas leis lembra uma história contada por um autor antigo sobre o homem que comeu um par de sapatos. Quando lhe perguntaram se havia gostado, respondeu que os buracos tinham sido a melhor parte. É assim que meu colega se sente em relação às leis: quanto mais lacunas houver nelas, mais ele as aprecia. Resumindo, ele não gosta de leis.

Não poderíamos desejar um caso melhor do que este com que nos defrontamos para ilustrar a natureza capciosa do processo de preenchimento de lacunas. Meu colega imagina saber o que exatamente se procurava quando ficou decidido que assassinato é crime, e isso é algo que ele denomina "dissuasão". Meu companheiro Tatting já demonstrou quanta coisa foi ignorada em tal interpretação. Considero, porém, que o problema é mais profundo. Duvido bastante que nossa lei, ao tornar crime o assassinato, tivesse realmente um "propósito" em qualquer sentido ordinário do termo. Essencialmente, tal lei reflete uma profunda convicção humana de que assassinato é um ato errado, e que alguma coisa deve ser imposta ao homem que o comete. Se fôssemos forçados a detalhar melhor nossa posição a respeito do assunto, provavelmente procuraríamos guarida nas teorias mais sofisticadas dos criminologistas, as quais decerto não estavam na mente daqueles que redigiram nossa lei. Poderíamos também observar que os homens trabalharão com mais eficácia e viverão mais felizes se estiverem protegidos contra a ameaça de uma agressão violenta. Tendo em mente que, com frequência, as vítimas de assassinos são pessoas desagradáveis, poderíamos acrescentar a ideia de que o tema do descarte de indesejáveis não é uma função adequada à iniciativa privada, mas sim deve ser um monopólio do Estado. Toda essa consideração me faz lembrar do advogado que certa vez argumentou diante de nós que uma lei que conferisse o grau universitário de médico seria uma boa providência, porque, ao elevar o nível da saúde geral, teria como consequência taxas mais baixas de seguro de vida. A exagerada explicação do óbvio é algo que realmente existe.

Se nós desconhecemos o propósito do § 12-A, como podemos dizer que existe aí uma "lacuna"? Como podemos saber o que os redatores desse parágrafo pensavam a respeito da questão de matar um homem para comer sua carne? Meu colega Tatting revelou uma repulsa compreensível ao canibalismo, embora talvez um tanto exagerada. Como saber se seus ancestrais remotos não sentiam uma repugnância ainda mais forte? Os antropólogos afirmam que o temor suscitado por um ato proibido pode ser potencializado pelo fato de as condições da vida em uma tribo tornarem tal ato ainda mais tentador. O incesto, por exemplo, é condenado com mais severidade entre aqueles cujas relações dentro da aldeia aumentam a probabilidade de que ocorra. Decerto, o período seguinte à Grande Espiral continha implicitamente tentações para a prática da antropofagia. Talvez assim fosse pela simples razão de que nossos antepassados expressavam sua proibição de uma forma bastante ampla e não qualificada. Tudo isso não passa de conjecturas, por certo. Entretanto, não se pode negar a evidência de que nem eu e nem meu companheiro Foster sabemos qual é o "propósito" do § 12-A.

Considerações como essas que acabei de traçar são também aplicáveis à exceção em favor da legítima defesa, exceção esta que desempenha um papel primordial no raciocínio de meus colegas Foster e Tatting. É verdade, decerto, que em *Commonwealth vs. Parry* um *obiter dictum* justificou tal exceção, na suposição de que o propósito da legislação penal é dissuadir. Pode também ser verdade que diversas gerações de estudantes de direito aprenderam que a verdadeira explicação da exceção reside no fato de que um homem que age em legítima defesa não age "intencionalmente", bem como pode ser verdade que os mesmos estudantes foram aprovados no exame da ordem repetindo o que seus professores lhe disseram. Sem dúvida alguma, eu poderia suprimir essas últimas observações como irrelevantes, pela simples razão de que até agora professores e examinadores da Ordem dos Advogados nunca tiveram a incumbência de fazer nossas leis em nosso lugar. Mas, de novo, o problema real é mais profundo. Ao lidar com a exceção, assim como ao lidar com a lei, a questão não é o *propósito* conjectural da norma, mas sim o seu *escopo*. O escopo da exceção em favor da legítima defesa, como aplicado por este Tribunal, é patente: ele se aplica a casos de resistência a uma ameaça de agressão à própria vida. Fica evidente, portanto, o argumento de que este caso não é coberto pelo escopo da exceção, já que também é indubitável que Whetmore não fez qualquer ameaça à vida desses réus.

A precariedade essencial da tentativa de meu companheiro Foster de encobrir com um ar de legitimidade a reconstrução que fez da lei escrita vem tragicamente à tona no parecer do juiz Tatting, ele que luta com determinação para combinar os moralismos frouxos de seu colega com seu próprio senso de fidelidade à lei escrita. O problema dessa luta não poderia ser diferente daquele que de fato ocorreu, a completa negligência no cumprimento da função judicial. Não é possível aplicar uma lei conforme sua letra e, ao mesmo tempo, refazê-la para atender aos próprios desejos.

Tenho agora consciência de que a linha de raciocínio que desenvolvi neste parecer não será aceitável para aqueles que analisam apenas os efeitos imediatos de uma decisão e ignoram as implicações de longo prazo da adoção por parte do Judiciário de um poder de remissão. Uma decisão implacável nunca é uma decisão popular. Juízes têm sido exaltados na literatura por sua astúcia em inventar um sofisma por meio do qual um litigante poderia ser privado de seus direitos naquelas situações em que a opinião pública considerasse errado fazer valer esses direitos. Acredito, porém, que a remissão legal produz mais prejuízo no longo prazo do que as decisões implacáveis. Casos difíceis podem até mesmo ter certo valor moral, ao colocar as pessoas diante de suas próprias responsabilidades para com a lei que, em última análise, foi por elas criada, e fazendo-as lembrar que não existe um princípio da graça pessoal capaz de mitigar os erros de seus representantes.

De fato, eu irei mais longe e afirmarei que os princípios por mim expostos até aqui não são apenas os mais adequados para nossas condições atuais, como também o sistema legal herdado de nossos antepassados seria melhor, tivessem sido esses princípios observados desde o início.

Por exemplo, com relação à desculpa da legítima defesa, se nossos tribunais tivessem se subordinado à letra da lei, sem dúvida alguma, o resultado teria sido uma revisão legislativa dessa lei. Tal revisão teria recorrido à assistência de filósofos da natureza e psicólogos, e a regulamentação resultante da matéria ganharia uma base compreensível e racional, em vez da mixórdia de verbalismos e distinções metafísicas que emergiram do tratamento jurídico e acadêmico.

Essas observações finais estão, decerto, além de quaisquer deveres que me cabem com relação a este caso, mas eu as incluo aqui porque sinto, nas profundezas de meu ser, que meus colegas não estão suficientemente conscientes dos perigos implícitos nas concepções do ofício judicial defendidas pelo companheiro Foster.

Concluo que a condenação deve ser confirmada.

Handy, J.

Escutei com certo espanto os raciocínios atormentados a que esse caso ordinário deu origem. Nunca deixo de me surpreender com a capacidade dos meus colegas para lançar uma cortina obscura de legalismos sobre todos os assuntos a eles apresentados para fins de decisão. Ouvimos esta tarde dissertações eruditas sobre a distinção entre direito positivo e lei da natureza, letra da lei e propósito da lei, funções judiciais e funções executivas, legislação penal e legislação administrativa. Meu único desapontamento é decorrente do fato de que ninguém levantou a questão da natureza legal do acordo selado na caverna – se foi unilateral ou bilateral – e da possibilidade de se considerar que Whetmore tenha cancelado a proposta antes que a ação fosse executada.

O que todas essas coisas têm a ver com o caso? O problema com o qual nos defrontamos é o que nós, na qualidade de funcionários do governo, deveríamos fazer com os réus. Trata-se de uma questão de sabedoria prática a ser exercitada no contexto da realidade humana e não da teoria abstrata. Quando o caso é tratado à luz dessa convicção, penso que passa a ser um dos casos mais fáceis de decidir já discutido neste Tribunal.

Antes de declarar minha conclusão sobre os méritos do caso, eu gostaria de discutir brevemente alguns dos problemas mais fundamentais aí envolvidos, problemas que, desde que assumi meu posto neste Tribunal, têm sido fator de desacordo entre meus colegas e eu.

Nunca fui capaz de fazer meus colegas entenderem que governar é uma tarefa humana, e que os homens não são dirigidos por palavras escritas ou teorias abstratas, mas sim por outros homens. Esse governo é bom quando os governantes compreendem os sentimentos e as concepções das massas. É ruim, por outro lado, quando eles carecem desse entendimento.

De todas as esferas do governo, o Judiciário é a que mostra maior tendência a perder o contato com o homem comum. Certamente, são bastante óbvios os motivos. Enquanto as massas reagem a umas poucas características mais evidentes de uma situação, nós analisamos os pormenores de todas as situações que se nos apresentam. Advogados são contratados por ambos os lados para analisar e dissecar. Juízes e advogados competem sofregamente entre si, para saber quem é capaz de descobrir o maior número de dificuldades e distinções em um único conjunto de fatos. Uns e outros tentam encontrar casos, reais ou presumidos, que possam complicar as evidências demonstradas pelo outro lado. Para fugir a esse embaraço, mais distinções são inventadas e inseridas na situação. Depois que um conjunto de fatos é submetido a esse tipo de tratamento por tempo suficiente, toda a vida e a essência desaparecem, sobrando apenas um punhado de poeira.

Compreendo agora que os advogados serão capazes de estabelecer distinções onde quer que existam regras e princípios abstratos. Em parte, o tipo de coisa que até aqui descrevi é um mal necessário associado a qualquer regulamentação formal das questões humanas. Penso, porém, ser bastante superestimada a área que realmente carece de tais regulamentações. O jogo tem, de fato, umas poucas normas fundamentais que devem ser aceitas para ele poder seguir seu curso. Eu incluiria entre elas as normas relativas à condução das eleições, à indicação de funcionários públicos e ao período durante o qual um cargo é mantido. Aqui, concordo que é essencial alguma restrição em termos de prudência e isenção, alguma aderência à forma, algum escrúpulo quanto àquilo que é ou não coberto pela norma. Talvez a área dos princípios básicos deva ser ampliada para incluir certas regras, tais como aquelas destinadas a preservar o sistema civil livre.

Fora desses campos, porém, acredito que todos os funcionários do governo, inclusive os juízes, desempenharão melhor suas tarefas se tratarem formas e conceitos abstratos como instrumentos. Devemos tomar como modelo, creio eu, o bom administrador, aquele que concilia procedimentos e princípios com o caso em análise, escolhendo entre as formas disponíveis as mais adequadas para a consecução dos resultados apropriados.

A vantagem mais evidente desse método de governo é que ele nos permite realizar com eficiência e bom senso as tarefas diárias. Contudo, minha fidelidade a essa filosofia tem raízes mais profundas. Acredito que só a percepção oferecida por ela pode nos garantir a preservação da flexibilidade essencial para manter nossas ações em razoável conformidade com os sentimentos daqueles por nós governados. Mais governos foram destruídos e mais miséria humana foi causada pela falta de tal pacto entre governante e governados do que por qualquer outro fator passível de ser identificado na história. Depois de estabelecido um fosso suficientemente largo entre o povo e aqueles que dirigem sua vida jurídica, política e econômica, a consequência inevitável será a ruína da sociedade. Então, nem a lei da natureza, advogada por Foster, tampouco a fidelidade à lei escrita, defendida por Keen, terá qualquer valia para nós.

Agora, quando essas concepções são aplicadas ao caso que temos diante de nós, sua decisão se torna, como eu já disse, bastante simples. Para demonstrar esse meu argumento, preciso introduzir certas verdades que meus colegas, em seu recatado decoro, entenderam adequado ignorar em silêncio, muito embora eles estejam tão decisivamente conscientes como eu estou.

A primeira dessas verdades é que este caso suscitou enorme interesse público, tanto aqui como no exterior. Jornais e revistas em sua quase totalidade publicaram artigos sobre ele. Os colunistas compartilharam com seus leitores informações confidenciais quanto ao próximo movimento do governo, e centenas de cartas ao editor foram publicadas. Uma das grandes cadeias de jornal realizou uma pesquisa de opinião, lançando a pergunta: "Qual é sua opinião sobre o que a Suprema Corte deveria fazer em relação aos exploradores de cavernas"? Cerca de noventa por cento se manifestou no sentido de que os réus devem ser perdoados ou ter a pena substituída por uma punição simbólica. Isso ilustra perfeitamente o sentimento da opinião pública sobre o caso. Decerto, o senso comum ou a observação de que neste Tribunal há aparentemente quatro homens e meio, ou seja, noventa por cento, que compartilham da opinião comum, deveria ter sido suficiente para nos fazer entender isso, sem necessidade da pesquisa.

Assim, fica claro não apenas o que nós deveríamos fazer, mas o que devemos fazer, se desejarmos preservar uma convenção razoável e decente entre nós e a opinião pública. Declarar a inocência desses homens não é um ato que precise nos envolver em qualquer plano ou subterfúgio indigno. Não é exigido nenhum princípio de interpretação legal inconsistente com as práticas anteriores deste Tribunal. Nenhum jurado entenderá que ao deixar esses homens livres tenhamos violado a lei mais do que fizeram nossos antepassados quando criaram a desculpa da legítima defesa. Sendo necessária uma demonstração mais detalhada do método de conciliação de nossa decisão com a lei, eu consideraria suficiente apoiar a argumentação desenvolvida na segunda e menos visionária parte do parecer de meu colega Foster.

Sei agora que meus companheiros ficarão horrorizados com minha sugestão de que este Tribunal deva se curvar ante a opinião pública. Alegarão que a opinião pública é errática e dominada pela emoção, que ela se norteia por meias verdades e dá ouvidos a testemunhas não submetidas a interrogatório. Dirão que a lei cerca o julgamento de um caso como este com meticulosas salvaguardas, concebidas para assegurar que a verdade venha à tona e que todas as considerações racionais sobre as questões suscitadas pelo caso tenham sido levadas em conta. Eles farão advertências quanto à possibilidade de todas essas salvaguardas resultarem em nada, caso venha a ser permitido que a opinião pública formada fora dessa estrutura influencie nossa decisão.

Mas vamos examinar honestamente algumas das verdades da aplicação de nosso direito penal. Quando um homem é acusado de ter cometido um crime, ele tem quatro possibilidades, genericamente, de escapar da punição. Uma delas é o juiz arbitrar que, à vista da lei aplicável, ele não cometeu crime algum. Essa é, sem dúvida, uma decisão que ocorre em um ambiente um tanto formal e abstrato. Examinemos agora as outras três possibilidades que podem livrá-lo da condenação. São elas: (1) a decisão do representante do Ministério Público de não fazer a denúncia; (2) uma absolvição pelo júri; (3) o perdão ou a comutação da sentença pelo Poder Executivo. Seria possível presumir que tais decisões são tomadas dentro de uma estrutura rígida e formal de normas, estrutura esta que impede um erro factual, exclui fatores pessoais e emocionais e garante que todas as formas da lei serão observadas?

No caso do júri, tentamos decerto limitar suas deliberações a um âmbito juridicamente relevante, mas de nada adianta nos iludirmos e acreditarmos que essa tentativa é de fato bem-sucedida. No curso normal dos eventos, este caso que se nos apresenta, com todas as suas questões, teria tido como destino certo o júri. Tivesse isso acontecido, podemos estar certos de que haveria uma absolvição ou, pelo menos, uma divisão, que teria evitado a condenação. Se o júri tivesse sido instruído a considerar que a inanição dos homens e o acordo por eles selado não serviam de defesa para a condenação por assassinato, muito provavelmente, o veredito teria ignorado tais instruções e imposto uma distorção da letra da lei muito maior do que podemos ser tentados a fazer. Decerto, a única razão que impediu tal ocorrência neste caso foi a fortuita circunstância de o presidente do júri ser um advogado. O conhecimento que ele tem garantiu-lhe condições de usar as palavras de forma tal a permitir que o júri se esquivasse de suas responsabilidades habituais.

Meu colega Tatting demonstra contrariedade com o fato de o representante do Ministério Público não ter de fato decidido o caso por ele, não apresentando uma denúncia. Rigoroso como é ao cumprir as exigências da teoria do direito, o ministro fica bastante satisfeito em ver a sorte desses homens decidida fora do tribunal, pelo representante do Ministério Público, com base no senso comum. O Presidente da Corte, por outro lado, deseja postergar até o fim a aplicação do senso comum, embora, a exemplo de Tatting, ele não queira um envolvimento pessoal no caso.

Dito isso, chego à parte final de meu parecer, a que diz respeito à clemência. Antes de entrar diretamente na discussão desse tópico, quero fazer uma observação correlata sobre a pesquisa de opinião pública. Como já tive oportunidade de dizer, noventa por cento das pessoas desejam que a Suprema Corte liberte os homens por completo ou, se não, com uma punição mais ou menos simbólica. Os outros dez por cento formam um grupo com uma estranha constituição, mostrando as mais curiosas e divergentes opiniões. Um dos especialistas de nossa universidade estudou esse grupo e concluiu que seus membros se distribuem dentro de determinados padrões. Uma parcela substancial deles é formada por assinantes de jornais "carentes de autoridade", com circulação limitada, que fornecem aos leitores uma versão distorcida dos fatos relativos ao caso. Alguns pensam que "espeleólogo" significa "canibal" e que antropofagia é um preceito da Sociedade. No entanto, o que desejo afirmar é que, muito embora as opiniões de quase todos os matizes imagináveis estivessem representadas nesse grupo, não houve, até onde consigo saber, nenhum deles, nem um único membro da maioria de noventa por cento, que tenha dito: "Eu penso que seria conveniente se o tribunal sentenciasse os réus à morte por enforcamento, e então, outro ramo do governo se manifestasse e os perdoasse". Além disso, essa é uma solução que já dominou de certo modo as nossas discussões, e que o Presidente desta Corte propõe como forma de evitarmos cometer uma injustiça e, ao mesmo tempo, preservarmos o respeito pela lei. Ele pode estar certo de que, se preserva a moral de alguém, é a dele próprio e não a do povo, pois este último não é capaz de fazer tal distinção. Eu menciono essa questão porque desejo enfatizar uma vez mais o perigo que podemos correr, perdidos nos padrões de nosso próprio pensamento e esquecidos de que esses padrões usualmente não lançam a menor sombra sobre o mundo exterior.

Chego agora ao mais crucial fato deste caso, um fato conhecido de todos nós neste Tribunal, mas que, no entanto, meus colegas entenderam por bem manter sob o abrigo de seus mantos jurídicos. Trata-se da probabilidade assustadora de que, se a questão for deixada para decisão do chefe do Poder Executivo, ele se recuse tanto a dar o perdão para os réus como a comutar a sentença a eles imposta. Como bem sabemos, o chefe do Poder Executivo é um homem de idade já avançada e ideias inflexíveis. O clamor público costuma ter sobre ele o efeito contrário ao desejado. Como eu disse a meus colegas, a sobrinha de minha esposa é amiga íntima da secretária dele. Eu soube dessa forma indireta, mas totalmente crível, que ele está firmemente determinado a não comutar a sentença, caso seja considerado que esses homens violaram a lei.

Em se tratando de assunto tão importante, ninguém mais do que eu lamenta a necessidade de afiançar informações que poderiam ser consideradas fofoca. Isso não aconteceria, tivesse eu a possibilidade de sentar junto com o chefe do Executivo, discutir com ele o caso, descobrir suas opiniões e talvez elaborar em conjunto um programa comum para lidar com a situação. Mas decerto meus colegas jamais dariam ouvido a tal coisa.

O escrúpulo de procurar informações precisas diretamente não os impediu de se sentirem muito perturbados com aquilo que souberam indiretamente. O conhecimento dos fatos que acabei de relatar explica por que o Presidente da Corte, habitualmente um modelo de decoro, entendeu ser adequado fazer valer o peso de seu manto jurídico diante do chefe do Poder Executivo e ameaçá-lo de desligamento de suas funções caso ele não comutasse a sentença. Suspeito que isso explica o ato de levitação de meu colega Foster, por meio do qual o peso de toda uma biblioteca de livros jurídicos foi retirado de cima dos ombros desses réus. Isso explica também por que mesmo meu companheiro Keen, conhecido por observar rigorosamente os preceitos legais, imitou Pooh-Bah da antiga comédia, caminhando até o outro lado do palco para dirigir algumas observações ao chefe do Poder Executivo, "na qualidade de cidadão comum". (A propósito, observo que o conselho do Cidadão Comum Keen será impresso nos relatórios deste Tribunal à custa dos contribuintes.)

Devo confessar que, à medida que envelheço, aumenta minha perplexidade diante da recusa humana em aplicar o senso comum a problemas da lei e do governo, e o trágico caso com que nos defrontamos aprofundou meu desânimo e desalento. Desejo apenas ser capaz de convencer meus colegas da sabedoria dos princípios que empreguei no desempenho das funções jurídicas desde que as assumi. Na verdade, por uma espécie de triste arredondamento do círculo, no primeiro caso que julguei como Juiz do Tribunal de Primeira Instância do condado de Fanleigh, deparei-me com questões similares àquelas aqui envolvidas.

Uma seita religiosa havia anulado o sacramento da ordem eclesiástica de um ministro que, conforme afirmaram, havia adotado as visões e práticas de uma seita rival. O ministro fez circular um folheto com acusações contra as autoridades que o haviam expulsado. Certos membros leigos da igreja anunciaram uma reunião pública cujo propósito era explicar a posição assumida pela igreja. O ministro participou de tal reunião. Segundo alguns, ele se valeu de um disfarce e entrou despercebido, versão que ele negou, alegando ter entrado abertamente como parte do público. De qualquer forma, iniciados os discursos, ele os interrompeu com perguntas sobre assuntos da igreja e fez algumas declarações em defesa dos próprios pontos de vista. Em consequência disso, foi agredido a socos por membros da plateia e, entre outras lesões, saiu com uma mandíbula quebrada. Ele interpôs uma ação por danos contra a associação patrocinadora da reunião e contra dez indivíduos, que identificou pelo nome e alegou serem seus agressores.

Chegando ao julgamento, o caso me pareceu inicialmente muito complicado. Os advogados levantaram uma série de questões legais, algumas muito interessantes sobre a admissibilidade das provas, e outras difíceis, ligadas ao processo contra a associação, que visavam a saber se o ministro era um transgressor ou se contava com uma permissão. Sendo ali um novato, eu estava ansioso por aplicar meu aprendizado da escola de direito e comecei a estudar essas questões mais detalhadamente, lendo o parecer de todas as autoridades e preparando pautas bem documentadas. Ao estudar as minúcias do caso, fui me envolvendo com as complexidades legais e entrando em um estado muito semelhante ao de meu colega Tatting neste caso que agora analisamos. De repente, no entanto, percebi que todas essas questões desconcertantes não se relacionavam com o caso, e comecei a examiná-lo à luz do senso comum. Ele adquiriu imediatamente uma nova perspectiva, e eu entendi que a única coisa que me cabia fazer era dirigir um veredito para os réus por falta de provas.

As considerações a seguir me conduziram a essa conclusão. O tumulto durante o qual o requerente sofreu um ferimento foi uma ação bastante confusa, pois, ao mesmo tempo, algumas pessoas tentavam chegar ao centro do pandemônio e outras procuravam se afastar; alguns golpeavam o demandante, enquanto outros aparentemente tentavam protegê-lo. Semanas teriam sido necessárias para se desvendar a verdade do caso. Decidi que a mandíbula quebrada de ninguém valia todo aquele custo para a *Commonwealth*. (A propósito, nesse ínterim, os ferimentos do ministro já haviam desaparecido, sem deixar cicatrizes nem causar qualquer comprometimento das faculdades normais.) Além do mais, senti muito enfaticamente que o queixoso tinha, em grande medida, trazido a coisa para si. Ele sabia como as paixões inflamadas se comportavam a respeito do caso, e poderia facilmente ter encontrado outro foro onde expressar seus pontos de vista. Minha decisão foi amplamente aprovada tanto pela imprensa como pela opinião pública, e nem uma nem outra estava disposta a tolerar as opiniões e práticas que o ministro expulso tentava defender.

Hoje, trinta anos depois, graças a um representante do Ministério Público ambicioso e um presidente do júri que observa rigorosamente as leis, vejo-me diante de um caso que suscita questões que no fundo são muito semelhantes àquelas envolvidas no caso que acabei de narrar. O mundo não parece muito diferente, exceto pelo fato de que agora não se trata de um julgamento por causa de cinco ou seis frelares, mas sim pela vida ou morte de quatro homens que já sofreram mais tormentos e humilhações do que muitos de nós sofreríamos em mil anos. Concluo que os réus são inocentes do crime a eles imputado e que a condenação e a sentença devem ser anuladas.

Tatting, J.

Sua Excelência, o Presidente desta Corte, perguntou-me se, depois de ouvir os dois pareceres que acabaram de ser apresentados, eu quero reexaminar a posição previamente assumida por mim. Desejo afirmar que, depois de ouvir essas opiniões, sinto-me muito fortalecido em minha convicção de que não devo participar da decisão deste caso.

Em face da divisão de nossa Suprema Corte, sem maioria de nenhum dos lados, a condenação e a sentença do Tribunal de Primeira Instância estão *confirmadas*. Fica determinado que a execução da sentença seja consumada às 6 horas da manhã da sexta-feira, dia 2 de abril de 4300, quando o Carrasco Público deverá dar andamento a todas as ações necessárias para pendurar cada um dos réus pelo pescoço até que eles estejam mortos.

Post scriptum

Agora que o tribunal proferiu seu julgamento, pode ser necessário lembrar ao leitor, talvez intrigado com a escolha da data, que os séculos que nos separam do ano 4300 equivalem mais ou menos àqueles que se passaram desde a Era de Péricles. Provavelmente, não há necessidade de observar que *O caso dos exploradores de cavernas* não tem a pretensão de ser uma sátira, tampouco uma previsão em nenhum sentido comum do termo. No tocante aos juízes que compõem o Tribunal do Ministro Presidente Truepenny, são decerto tão míticos quanto os fatos e precedentes com os quais lidam. O leitor que se recusar a aceitar esse ponto de vista e tentar identificar semelhanças contemporâneas onde elas não são nem pretendidas nem consideradas, deve ser advertido de que está se ocupando de uma brincadeira própria, o que possivelmente o levará a perder quaisquer verdades modestas contidas no parecer da Suprema Corte de Newgarth. O caso foi idealizado com o único propósito de trazer para um ponto de convergência comum certas filosofias divergentes de lei e de governo. Tais filosofias apresentam aos homens questões vivas de escolha da época de Platão e Aristóteles. Talvez continuem a fazê-lo quando nossa era já tiver dado sua palavra a respeito delas. Se houver qualquer elemento de previsão no caso, ele não vai além da sugestão de que as questões ali envolvidas fazem parte dos problemas permanentes da raça humana.